CHAGRIN D'É

Daniel Pen

Fiche de lecture

Rédigée par Mélanie Ackerman, maitre en langues et littératures romanes
(Université catholique de Louvain)

lePetitLittéraire.fr

Retrouvez tout notre catalogue sur www.lePetitLitteraire.fr
Avec lePetitLittéraire.fr, simplifiez-vous la lecture !

© Primento Éditions, 2011. Tous droits réservés.
4, rue Henri Lemaitre | 5000 Namur
www.primento.com
ISBN 978-2-8062-1058-6
Dépôt légal : D/2011/12.603/9

SOMMAIRE

CHAGRIN D'ÉCOLE

DANIEL PENNAC

Daniel Pennac, Pennacchioni de son vrai nom, est un écrivain français. Né en 1944 dans une famille d'intellectuels, il a choisi la carrière d'enseignant avant de se consacrer à l'écriture. Il est surtout connu pour la série des Malaussène. Avec, entre autres, *La fée carabine* (1987), *La petite marchande de prose* (1989) ou encore *Monsieur Malaussène* (1995), Pennac a remporté un large succès. Dix ans après le dernier tome de la série, ses romans sont toujours aussi lus. À côté, l'auteur a publié de nombreux autres textes, notamment un essai consacré à la lecture et à la pédagogie, *Comme un roman* (1992). D'une certaine manière, il revient sur ce sujet avec *Chagrin d'école* (2007).

- Né en 1944 à Casablanca
- Écrivain français
- Quelques-unes de ses œuvres :
Cabot-caboche (1982), livre de jeunesse
Au bonheur des ogres (1985), roman de la *Saga Malaussène*
Comme un roman (1992), essai
Chagrin d'école (2007), roman autobiographique

De cancre à professeur, récit autobiographique

Chagrin d'école est un récit autobiographique qui raconte le parcours d'un cancre devenu professeur. Pennac livre un témoignage rare : auteur reconnu, il montre que les résultats scolaires n'influencent pas nécessairement le futur des élèves... ou pas comme on peut l'imaginer ! Effectivement, si l'écrivain n'avait pas connu un passé de cancre, il n'aurait peut-être pas fait le choix de l'enseignement puis de l'écriture, et surtout, il n'aurait pas pu le dire avec les mots si justes de *Chagrin d'école*. Ce livre témoigne de deux mondes que tout semble parfois opposer, celui des élèves et celui des professeurs. On oublie trop souvent que ces derniers sont aussi passés sur les bancs de l'école et que leurs expériences sont une richesse. Pennac, en nous invitant dans sa propre histoire, nous rappelle cela.

1. RÉSUMÉ

La Poubelle de Djibouti

a) Chapitres 1-6

Daniel Pennac révèle son passé scolaire. Il **n'était pas un élève brillant**, au contraire : « C'est que je fus un mauvais élève » (p. 15), confie-t-il.

Daniel Pennac explique à son frère, Bernard, qu'il **a le projet d'écrire un livre** consacré à la « douleur de ne pas comprendre » (p. 22). Ils cherchent ensemble à **expliquer le mauvais élève qu'était l'écrivain.** Une chute dans une poubelle de Djibouti est évoquée comme cause.

b) Chapitres 7-12

Pennacchioni a traversé une époque où il cherchait à s'intégrer dans un groupe, pour faire partie d'une bande. Finalement, c'est la solitude qui l'a emporté. Il a commis des bêtises comme percer le coffre de ses parents et il s'est retrouvé dans une forme d'engrenage.

Les enseignants peuvent aider ces élèves en perdition qui vivent « la solitude et la honte de l'élève qui ne comprend pas, perdu dans un monde où tous les autres comprennent » (p. 41). Ce sont d'ailleurs **des professeurs** qui **ont poussé le jeune Pennacchioni à s'en sortir**, puis à choisir la voie de l'enseignement.

Devenir

a) Chapitres 1-5

Pennacchioni l'enseignant a reçu nombre d'appels de parents inquiets pour la réussite de leurs enfants. Il distinguait différents types parmi ces parents, de la mère désespérée à celle qui a toujours choisi ce qu'il y avait de mieux pour son enfant. Toutes « ignoraient qu'elles s'adressaient au plus jeune perceur de coffre de sa génération » (p. 55). **À force d'entendre qu'ils sont bons à rien, les mauvais élèves**, à l'instar de Pennacchioni enfant, **intègrent l'idée qu'ils ne feront jamais rien de leur vie.**

b) Chapitres 7-12

Pennac raconte l'histoire de Nathalie, une de ses élèves, qui lui disait : « j'ai douze ans et demi, et je n'ai rien fait. » (p. 65) L'adolescente avait entendu ces mots de la bouche de son père. « **Les mauvais élèves** (élèves réputés sans devenir) ne viennent jamais seuls à l'école » (p. 70), explique Pennac. Ils **amènent en classe leurs problèmes**, leurs colères ou leurs chagrins. Pour cette raison, il pense qu'il faudrait inventer le « présent d'incarnation » (p. 70) spécifiquement pour l'école, un temps qui signifie « je suis là ».

c) Chapitres 13-19

Suite à l'histoire du coffre, Pennacchioni avait été envoyé en pension. Cet épisode ne lui a pas laissé de mauvais souvenirs. Il voyait plus d'inconvénients à être un mauvais élève « externe » car il fallait sans cesse concilier les milieux familial et scolaire dans une même journée.

Aujourd'hui, selon Pennac, la pension n'a plus les mêmes avantages qu'autrefois.

d) Chapitres 20-22

« **À quoi tient la métamorphose du cancre en professeur ?** » (p. 94), voilà la question qui interpelle Pennac. Force est de constater que ce sont des enseignants qui lui ont permis de se projeter positivement dans le futur. Autre facteur décisif dans sa mutation : l'amour. Ce sont là les éléments qui ont amené le petit Pennacchioni à devenir Monsieur Pennacchioni, et plus tard l'écrivain Pennac.

Pennacchioni, comme tous les professeurs du monde, est amené à rencontrer d'anciens élèves. Chacun lui raconte ce qu'il a retenu de sa classe et ce qu'il est devenu.

Y ou le présent d'incarnation

a) Chapitres 1-9

« **J'y arriverai jamais, m'sieur** » (p. 117) et « **Je m'en moque** » (p. 118) **sont deux affirmations face auxquelles Pennacchioni** n'est pas resté sans voix. Il **a consacré du temps** au « y » et au « en » de ces phrases pour que ses élèves mettent des mots sur leurs souffrances.

Partant de ses propres souvenirs, Pennac raconte comment, enseignant, son but était de maintenir l'attention de tous en classe. Il conclut que « la présence de [ses] élèves dépend[ait] étroitement de la [sienne] » (p. 133).

b) Chapitres 10-15

Pennac met en valeur l'exercice de la dictée s'il est réalisé dans des conditions visant à la compréhension de la langue et donc du texte. L'écrivain décrit ensuite en quoi l'apprentissage par cœur de textes est bénéfique puisqu'il permet de « s'immerger dans la langue » (p. 158). Pennac montre aussi comme cet exercice peut favoriser un climat d'entente et de complicité au sein de la classe, indépendamment du statut de bon ou mauvais élève.

c) Chapitres 16-21

L'écrivain a travaillé avec de nombreux étudiants en difficulté scolaire. Avec eux, il a été habitué à obtenir des réponses absurdes à ses questions. Pennac se demande alors « quoi faire ? ». Il ne propose pas une solution miracle, mais constate que **condamner les réponses des élèves en les jugeant simplement fausses ne fait que les enfoncer** dans leur sentiment de décrochage.

Parfois, l'enseignant se trouve lui aussi en échec : il n'arrive pas à aider les adolescents qu'il côtoie.

Tu le fais exprès

Chapitres 1-6

Le « faire exprès » est un reproche que l'école et/ou les parents adressent depuis longtemps aux mauvais élèves. Pennac, lui, s'attache surtout à analyser le « le » de « tu le fais exprès » pour convenir qu'il s'agit d' « un si petit pronom pour tant de solitude » (p. 201). Le sentiment d'exclusion est à nouveau en cause. **Les mauvais élèves sont mis de côté** parce qu'ils ne maitrisent pas les codes, de la langue par exemple. Pennac observe cela au travers du film *L'Esquive*. C'est un film de 2004 qui montre un groupe d'élèves de banlieue mettant en scène la pièce de Marivaux, *Le Jeu de l'amour et du hasard*.

L'écrivain constate aussi que les élèves qu'il a rencontrés lorsqu'il visitait des classes lui demandaient régulièrement pourquoi il employait dans ses romans un langage jugé cru. Pennac n'a en effet pas peur d'utiliser des mots que les jeunes prononcent chaque jour. Une fois écrits ou repris par un adulte ou un écrivain reconnu, ces mots impressionnent.

MAXIMILIEN ou le coupable idéal

a) Chapitres 1-7

Un soir, Pennac s'est fait arrêter brutalement par un jeune lui réclamant du feu. Lorsque l'adolescent a réalisé qu'il avait face à lui un écrivain lu à l'école, il a tenté de lui demander de l'aide pour un devoir. Ce jeune, Maximilien, est l'exemple que choisi Pennac pour parler de la « figure du cancre contemporain » (p. 224). Des Maximiliens, la France en compte trop, selon lui.

Pennac montre que **les adolescents sont prisonniers d'un système marketing** : ils pensent que leur personnalité est définie par les marques qu'ils portent

b) Chapitres 8-13

À quelques reprises, Pennacchioni a croisé « le vrai bandit » (p. 242). Il note que **la cruauté de ces quelques adolescents qui tournent mal ne nait pas à l'école, mais au sein du foyer familial.**

La violence à l'école est un thème récurrent que certains décrivent comme un phénomène issu de la banlieue. Cette conception amène à généraliser et à traiter tous les élèves de ces quartiers sans distinction. Cela revient donc à exclure de nombreux élèves et à créer ce que Pennac nomme un « apartheid scolaire » (p. 247).

Ce qu'aimer veut dire

a) Chapitres 1- 4

Suite aux appels de parents d'enfants déscolarisés, Pennac a contacté l'une ou l'autre de ses relations pour trouver un nouvel établissement aux élèves. L'écrivain, avec son passé de cancre, sait bien qu'« **il suffit d'un professeur – un seul – pour nous sauver de nous-mêmes** et nous faire oublier tous les autres » (p. 262). Pennac note quelques caractéristiques qui peuvent faire d'un enseignant ce professeur marquant.

b) *Chapitres 5-13*

Pennac montre ensuite que quoi qu'il en soit de la formation des **enseignants**, ceux-ci **ne seront jamais préparés à affronter toutes les situations que l'on rencontre à l'école**. La première est celle de l'inégalité dans l'acquisition des savoirs : de nombreux éléments influencent la capacité d'intégration des codes de l'école. Malgré les décennies qui ont passé depuis sa propre adolescence, Pennac n'observe qu'un seul changement majeur à l'école : les élèves sont dans une société de consommation qui les pousse à vouloir continuellement du neuf. Or l'enseignant actuel n'est pas préparé aux « enfants clients » (p. 291).

2. ÉTUDE DES PERSONNAGES

De nombreux personnages se côtoient dans le roman de Daniel Pennac. Des camarades de classe de Pennac enfant aux élèves que le professeur rencontrera ensuite, ce roman raconte les rencontres qui ont jalonné la vie de ce cancre devenu enseignant qu'est Pennac. Il convient donc de considérer tous les personnages comme un ensemble plutôt que séparément. Quant au narrateur racontant ses expériences et son passé liés à l'école, nous allons le décrire dans les deux principales phases de sa vie.

Le cancre

Le mauvais élève décrit au début du roman est **Pennac enfant**. Celui-ci **parle des sentiments qu'il a ressentis en tant que mauvais élève**. **L'exclusion et la solitude** l'ont poussé à prendre des **voies déviantes**, celles qui peuvent mener à la délinquance. Fort heureusement, il n'en est pas arrivé à ce point et le doit à quelques-uns des professeurs qu'il a rencontrés.

Sans ce passé, Pennac ne serait pas celui qu'il est aujourd'hui. La petite voix du cancre qu'il était apparait ponctuellement dans le roman pour le lui rappeler.

Le professeur

Le cancre est devenu enseignant. Il s'est à son tour adressé pendant de longues années à tous les élèves qui passaient avec plaisir ou non leurs journées sur les bancs de l'école.

Pennac nous raconte **les expériences marquantes de Pennacchioni le professeur**, de l'élève inconsolable qu'il est arrivé à faire sourire à Maximilien le cancre, en passant par tous les adolescents qu'il a croisé au détour d'une rue parisienne. Tous font parties de sa vie d'enseignant.

Ces témoignages pourraient laisser perplexe : Pennac semble en effet se présenter comme un « sauveur ». Mais une petite voix, celle de Pennacchioni l'ancien cancre, rappelle ponctuellement l'écrivain à l'ordre. Ces intrusions du personnage du mauvais élève se font entendre comme une forme de morale : on a tous, à un moment et dans certains domaines, des « zones d'incompétence ».

Le personnage du cancre et celui du professeur n'en font qu'un puisqu'ils regroupent **deux étapes de la vie de l'écrivain Pennac**. Nous avons indiqué que les autres personnages sont à prendre dans leur ensemble. Les deux catégories importantes sont celle des enseignants et celle des élèves. Décrivons leurs relations.

Les enseignants et leurs élèves

Dans le dernier chapitre de *Chagrin d'école*, Pennac résume le rôle de **l'enseignant** tel qu'il le perçoit : **c'est celui qui s'occupe de l'oiseau tombé**. « Une hirondelle assommée est une hirondelle à ranimer, point final » (p. 305), explique-t-il. Ici, **il n'est pas question d'une matière ou d'un cours, mais d'un lien relationnel** qui s'apparente à un accompagnement. Cette relation importante qui se construit entre adolescents et adultes en classe revient tout au long du roman :

- Pennac décrit les professeurs qui l'ont marqué. Plutôt que de parler de leurs cours, il se remémore leurs particularités et leurs styles personnels ;

- Pennac parle aussi des élèves qui ont d'une certaine manière fait appel à lui lorsqu'ils étaient en détresse. Pour ceux-ci, il a pu être à son tour un professeur marquant.

3. CLÉS DE LECTURE

« Un livre de plus sur l'école, alors ? »

De nos jours, tout le monde parle de l'école. Professeurs, parents, journalistes ou politiciens, tout le monde a son mot à dire au sujet de l'école. En outre, **le style « autobiographie » est aussi à la mode.** Tout cela a donc pu pousser certains à dire « encore » en voyant le livre de Pennac arriver en librairie. Mais ces propos n'ont pas tenu bien longtemps :

- d'une part, Chagrin d'école **n'est pas un traité d'éducation**, mais un roman dans lequel l'écrivain raconte ses expériences ;

- d'autre part, à la lecture du récit, on sent que l'auteur n'a pas voulu mettre en avant sa propre personne : **son histoire, c'est d'abord celle que vivent tous les élèves en difficulté, puis celle de tous les enseignants qui veulent les aider.**

Pennac s'explique lui-même dans les premières pages du roman sous la forme d'un dialogue avec son frère :

> - Un livre de plus sur l'école, alors ? Tu trouves pas qu'il y en a assez ? - Pas sûr l'école ! Tout le monde s'en préoccupe de l'école, éternelle question des anciens et des modernes : ses programmes, son rôle social, ses finalités, l'école d'hier, celle de demain... Non, un livre sur le cancre ! Sur la douleur de ne pas comprendre, et ses dégâts collatéraux. (p. 22)

Pennac ne propose pas une liste de préceptes, même si quelques phrases du roman apparaissent comme des conseils. Il témoigne plutôt, comme la citation l'indique, des difficultés que l'on observe à l'école. Il y a d'un côté celles qu'un élève qui ne comprend pas peut ressentir, de l'autre celles de l'enseignant qui doit ne laisser personne à la traine.

Autobiographie et mise en scène de l'écriture

Le récit de Pennac est toutefois bel et bien une **autobiographie**, genre que Lejeune définit comme un « récit rétrospectif en prose qu'une personne réelle fait de sa propre existence lorsqu'elle met l'accent sur sa vie individuelle, en particulier sur l'histoire de sa personnalité ». Dans *Chagrin d'école*, **Pennac raconte sa propre vie de cancre devenu enseignant.**

Mais l'auteur ne se contente pas d'écrire une autobiographie traditionnelle : **il semble jouer avec les codes :**

- d'un côté, nous avons **l'auteur-narrateur qui raconte ses diverses expériences** vécues à l'école ;

- d'un autre, nous voyons également **l'écrivain dans son activité d'écriture**. Au début du roman, nous l'observons discuter avec son frère du projet de livre sur l'école (p. 20-28). Ce livre est celui que nous avons d'ailleurs entre les mains. Plus tard, nous sommes témoin de l'avancement du projet. Pennac met ainsi ponctuellement en évidence son activité d'écrivain dans le roman. Il illustre ainsi la « construction du récit », à la fois comme projet d'écriture et comme matérialité de l'objet littéraire. Il s'agit d'un procédé de **mise en abyme du roman.**

Cela indique qu'**il y a deux récits** dans *Chagrin d'école*. En y regardant de plus près, nous pouvons même observer que ces deux récits **ne se passent pas simultanément** : l'un est dans le passé tandis que l'autre est dans le présent, au moment où Pennac rédige le livre.

Prix Renaudot et best-seller

Nous pourrions commencer cette section en disant que Daniel Pennac n'en est pas à son premier succès. En effet, il a reçu son premier prix en 1988 pour *La fée carabine*, livre de la série Malaussène. Mais la réussite littéraire qu'est *Chagrin d'école* mérite d'être pointée du doigt. En 2007, **le roman de Pennac remporte le Prix Renaudot, mais pas sans créer une polémique. En effet, il est couronné alors qu'il ne figure pas sur la liste des livres en course** pour le prix. Donner, le principal concurrent de Pennac, dénonce cette méthode et la corruption qui entache le jury du Prix Renaudot. Retenons surtout que le roman de Pennac semble s'être distingué au point d'effacer la liste initialement définie.

Sachant, comme nous l'avons expliqué dans la première clé de lecture, que les autobiographies foisonnent dans les rayons des libraires et que la thématique de l'école est très souvent mise en avant dans la société contemporaine, **on peut se demander la raison de ce Prix Renaudot**. En effet, *Chagrin d'école* **semble s'inscrire dans une tendance littéraire déjà existante plutôt qu'innover**. Une **hypothèse** que l'on peut avancer au terme de cette étude est **la posture adoptée par l'auteur**. Si Pennac a choisi un genre et un thème dépourvus d'originalité, **il ne s'est pas enfermé dans les codes prédéfinis** :

- le récit débute par l'épilogue ;

- il est interrompu à plusieurs reprises par des considérations sur le travail d'écriture de ce même livre ;

- les évènements ne se suivent pas spécifiquement dans un ordre chronologique : à de nombreuses reprises les souvenirs du mauvais élève côtoient les expériences d'enseignement ;

- l'apparition du cancre qu'était Pennacchioni sous la forme d'une voix le remettant en place empêche Pennac de se placer en moralisateur ;

- Pennac ne s'implique dans aucun des débats actuels autour de l'école : il ne fait que les constater.

4. PISTES DE RÉFLEXION

Quelques questions pour approfondir sa réflexion...

- Pennac explique que certains jeunes lui ont dit être choqués par les mots parfois crus qu'il emploie dans ses livres. Que pensez-vous de cela ? Pourquoi certains mots, certaines expressions dites « jeunes » sont-elles choquantes lorsqu'on les retrouve écrites, particulièrement dans un livre ?

- Commentez l'extrait suivant : « Les mots de grammaire se soignent par la grammaire, les fautes d'orthographe par l'exercice de l'orthographe, la peur de lire par la lecture, celle de ne pas comprendre par l'immersion dans le texte, et l'habitude de ne pas réfléchir par le calme renfort d'une raison strictement limitée à l'objet qui nous occupe, ici, maintenant [...]. »

- Pennac explique le rôle des enseignants au travers du bref dialogue suivant : « Les profs ils nous prennent la tête, m'sieur ! Tu te trompes. Ta tête est déjà prise. Les professeurs essayent de te la rendre. » Expliquez comment comprendre chacune de ces deux interventions.

- Selon vous, pourquoi l'auteur a-t-il choisi de raconter l'écriture du livre parallèlement au récit de son passé de cancre et d'enseignant ? Développez.

- Pensez-vous que toutes les activités scolaires que l'auteur préconise (les dictées, les corrections par des élèves plus jeunes, etc.) sont réalisables en classe ?

- Comment expliquez-vous le titre *Chagrin d'école* après la lecture du roman ? Développez plusieurs axes d'argumentation.

- Selon vous, ce livre s'adresse-t-il à un public particulier ? Quelles personnes peuvent être touchées par ce récit ? Argumentez votre propos.

- Certains ont jugé ce livre un peu « fouillis » (journal Libération). Quelles caractéristiques du roman peuvent amener à penser cela ? Développez.

- Quelles relations entretiennent « Daniel Pennac écrivain » et « Daniel Pennacchioni cancre » ? Décrivez ces deux personnages l'un par rapport à l'autre et expliquez le rôle du cancre dans la vie de l'écrivain.

- *Chagrin d'école* a été récompensé par un prix et a connu un réel succès en librairie. Comment l'expliquez-vous ?

- Pensez-vous que les difficultés scolaires sont explicables par l'environnement social ? Présentez votre réponse de manière argumentée.

- Quel rôle jouent les multiples références littéraires et culturelles (Alphonse Daudet, Jean de La Bruyère, Woody Allen, Michel Audiard, etc.) dans le texte ?

5. INFORMATIONS COMPLÉMENTAIRES

Édition de référence

- PENNAC Daniel, *Chagrin d'école*, Paris, Gallimard, coll. « nrf », 2007.

Études de référence

- ARON Paul, SAINT-JACQUES Denis et VIALA Alain, *Le Dictionnaire du littéraire*, Presses Universitaires de France, 2004.

- *Contact, l'Encyclopédie de la création*, consulté pour la dernière fois le 10 juin 2011 : http://contacttv.net/i_presentation.php?id_rubrique=393

- *Daniel Pennac–L'Express*, consulté pour la dernière fois le 05 juin 2011 : http://www.lexpress.fr/culture/livre/chagrin-d-ecole_813048.html

- *Gallimard, Daniel Pennac*, consulté pour la dernière fois le 05 juin 2011 : http://www.gallimard.fr/pennac-chagrindecole/

- GENETTE Gérard, *Figures III*, Paris, Seuil, 1972, coll. « Poétique ».

- *Littérature : La guerre des prix – renaudot-polémique-donner-giesbert-pennac – le JDD.fr*, consulté pour la dernière fois le 12 juin 2011 : http://www.lejdd.fr/Culture/Actualite/Litterature-La-guerre-des-prix-100845/?sitemap

Notes

1. ARON Paul, SAINT-JACQUES Denis et VIALA Alain, *Le Dictionnaire du littéraire*, Presses Universitaires de France, 2004, p. 35-36.

LePetitLittéraire.fr, une collection en ligne d'analyses littéraires de référence :

- des fiches de lecture, des questionnaires de lecture et des commentaires composés
- sur plus de 500 œuvres classiques et contemporaines
- … le tout dans un langage clair et accessible !

Connectez-vous sur lePetitlittéraire.fr et téléchargez nos documents en quelques clics :

Adamek, *Le fusil à pétales*
Alibaba et les 40 voleurs
Amado, *Cacao*
Ancion, *Quatrième étage*
Andersen, *La petite sirène et autres contes*
Anouilh, *Antigone*
Anouilh, *Le Bal des voleurs*
Aragon, *Aurélien*
Aragon, *Le Paysan de Paris*
Aragon, *Le Roman inachevé*
Aurevilly, *Le chevalier des Touches*
Aurevilly, *Les Diaboliques*
Austen, *Orgueil et préjugés*
Austen, *Raison et sentiments*
Auster, *Brooklyn Folies*
Aymé, *Le Passe-Muraille*
Balzac, *Ferragus*
Balzac, *La Cousine Bette*
Balzac, *La Duchesse de Langeais*
Balzac, *La Femme de trente ans*
Balzac, *La Fille aux yeux d'or*
Balzac, *Le Bal des sceaux*
Balzac, *Le Chef-d'oeuvre inconnu*
Balzac, *Le Colonel Chabert*
Balzac, *Le Père Goriot*
Balzac, *L'Elixir de longue vie*
Balzac, *Les Chouans*
Balzac, *Les Illusions perdues*
Balzac, *Sarrasine*
Balzac, *Eugénie Grandet*
Balzac, *La Peau de chagrin*
Balzac, *Le Lys dans la vallée*
Barbery, *L'Elégance du hérisson*
Barbusse, *Le feu*
Baricco, *Soie*
Barjavel, *La Nuit des temps*
Barjavel, *Ravage*
Bauby, *Le scaphandre et le papillon*
Bauchau, *Antigone*
Bazin, *Vipère au poing*
Beaumarchais, *Le Barbier de Séville*
Beaumarchais, *Le Mariage de Figaro*
Beauvoir, *Le Deuxième sexe*
Beauvoir, *Mémoires d'une jeune fille rangée*
Beckett, *En attendant Godot*
Beckett, *Fin de partie*
Beigbeder, *Un roman français*
Benacquista, *La boîte noire et autres nouvelles*
Benacquista, *Malavita*
Bourdouxhe, *La femme de Gilles*
Bradbury, *Fahrenheit 451*
Breton, *L'Amour fou*
Breton, *Le Manifeste du Surréalisme*
Breton, *Nadja*
Brink, *Une saison blanche et sèche*

Brisville, *Le Souper*
Brönte, *Jane Eyre*
Brönte, *Les Hauts de Hurlevent*
Brown, *Da Vinci Code*
Buzzati, *Le chien qui a vu Dieu et autres nouvelles*
Buzzati, *Le veston ensorcelé*
Calvino, *Le Vicomte pourfendu*
Camus, *La Chute*
Camus, *Le Mythe de Sisyphe*
Camus, *Le Premier homme*
Camus, *Les Justes*
Camus, *L'Etranger*
Camus, *Caligula*
Camus, *La Peste*
Carrère, *D'autres vies que la mienne*
Carrère, *Le retour de Martin Guerre*
Carrière, *La controverse de Valladolid*
Carrol, *Alice au pays des merveilles*
Cassabois, *Le Récit de Gildamesh*
Céline, *Mort à crédit*
Céline, *Voyage au bout de la nuit*
Cendrars, *J'ai saigné*
Cendrars, *L'Or*
Cervantès, *Don Quichotte*
Césaire, *Les Armes miraculeuses*
Chanson de Roland
Char, *Feuillets d'Hypnos*
Chateaubriand, *Atala*
Chateaubriand, *Mémoires d'Outre-Tombe*
Chateaubriand, *René 25*
Chateaureynaud, *Le verger et autres nouvelles*
Chevalier, *La dame à la licorne*
Chevalier, *La jeune fille à la perle*
Chraïbi, *La Civilisation, ma Mère!...*
Chrétien de Troyes, *Lancelot ou le Chevalier de la Charrette*
Chrétien de Troyes, *Perceval ou le Roman du Graal*
Chrétien de Troyes, *Yvain ou le Chevalier au Lion*
Chrétien de Troyes, *Erec et Enide*
Christie, *Dix petits nègres*
Christie, *Nouvelles policières*
Claudel, *La petite fille de Monsieur Lihn*
Claudel, *Le rapport de Brodeck*
Claudel, *Les âmes grises*
Cocteau, *La Machine infernale*
Coelho, *L'Alchimiste*
Cohen, *Le Livre de ma mère*
Colette, *Dialogues de bêtes*
Conrad, *L'hôte secret*
Conroy, *Corps et âme*
Constant, *Adolphe*
Corneille, *Cinna*

Corneille, *Horace*
Corneille, *Le Menteur*
Corneille, *Le Cid*
Corneille, *L'Illusion comique*
Courteline, *Comédies*
Daeninckx, *Cannibale*
Dai Sijie, *Balzac et la Petite Tailleuse chinoise*
Dante, *L'Enfer*
Daudet, *Les Lettres de mon moulin*
De Gaulle, *Mémoires de guerre III. Le Salut. 1944-1946*
De Lery, *Voyage en terre de Brésil*
De Vigan, *No et moi*
Defoe, *Robinson Crusoé*
Del Castillo, *Tanguy*
Deutsch, *Les garçons*
Dickens, *Oliver Twist*
Diderot, *Jacques le fataliste*
Diderot, *Le Neveu de Rameau*
Diderot, *Paradoxe sur le comédien*
Diderot, *Supplément au voyage de Bougainville*
Dorgelès, *Les croix de bois*
Dostoïevski, *Crime et châtiment*
Dostoïevski, *L'Idiot*
Doyle, *Le Chien des Baskerville*
Doyle, *Le ruban moucheté*
Doyle, *Scandales en bohème et autres contes*
Dugain, *La chambre des officiers*
Dumas, *Le Comte de Monte Cristo*
Dumas, *Les Trois Mousquetaires*
Dumas, *Pauline*
Duras, *Le Ravissement de Lol V. Stein*
Duras, *L'Amant*
Duras, *Un barrage contre le Pacifique*
Eco, *Le Nom de la rose*
Enard, *Parlez-leur de batailles, de rois et d'éléphants*
Ernaux, *La Place*
Ernaux, *Une femme*
Fabliaux du Moyen Age
Farce de Maitre Pathelin
Faulkner, *Le bruit et la fureur*
Feydeau, *Feu la mère de Madame*
Feydeau, *On purge bébé*
Feydeau, *Par la fenêtre et autres pièces*
Fine, *Journal d'un chat assassin*
Flaubert, *Bouvard et Pecuchet*
Flaubert, *Madame Bovary*
Flaubert, *L'Education sentimentale*
Flaubert, *Salammbô*
Follett, *Les piliers de la terre*
Fournier, *Où on va papa?*
Fournier, *Le Grand Meaulnes*

Frank, *Le Journal d'Anne Frank*
Gary, *La Promesse de l'aube*
Gary, *La Vie devant soi*
Gary, *Les Cerfs-volants*
Gary, *Les Racines du ciel*
Gaudé, *Eldorado*
Gaudé, *La Mort du roi Tsongor*
Gaudé, *Le Soleil des Scorta*
Gautier, *La morte amoureuse*
Gautier, *Le capitaine Fracasse*
Gautier, *Le chevalier double*
Gautier, *Le pied de momie et autres contes*
Gavalda, *35 kilos d'espoir*
Gavalda, *Ensemble c'est tout*
Genet, *Journal d'un voleur*
Gide, *La Symphonie pastorale*
Gide, *Les Caves du Vatican*
Gide, *Les Faux-Monnayeurs*
Giono, *Le Chant du monde*
Giono, *Le Grand Troupeau*
Giono, *Le Hussard sur le toit*
Giono, *L'homme qui plantait des arbres*
Giono, *Les Âmes fortes*
Giono, *Un roi sans divertissement*
Giordano, *La solitude des nombres premiers*
Giraudoux, *Electre*
Giraudoux, *La guerre de Troie n'aura pas lieu*
Gogol, *Le Manteau*
Gogol, *Le Nez*
Golding, *Sa Majesté des Mouches*
Grimbert, *Un secret*
Grimm, *Contes*
Gripari, *Le Bourricot*
Guilleragues, *Lettres de la religieuse portugaise*
Gunzig, *Mort d'un parfait bilingue*
Harper Lee, *Ne tirez pas sur l'oiseau moqueur*
Hemingway, *Le Vieil Homme et la Mer*
Hessel, *Engagez-vous!*
Hessel, *Indignez-vous!*
Higgins, *Harold et Maud*
Higgins Clark, *La nuit du renard*
Homère, *L'Iliade*
Homère, *L'Odyssée*
Horowitz, *La Photo qui tue*
Horowitz, *L'Île du crâne*
Hosseini, *Les Cerfs-volants de Kaboul*
Houellebecq, *La Carte et le Territoire*
Hugo, *Claude Gueux*
Hugo, *Hernani*
Hugo, *Le Dernier Jour d'un condamné*
Hugo, *L'Homme qui Rit*
Hugo, *Notre-Dame de Paris*
Hugo, *Quatrevingt-Treize*
Hugo, *Les Misérables*
Hugo, *Ruy Blas*
Huston, *Lignes de faille*
Huxley, *Le meilleur des mondes*
Huysmans, *À rebours*
Huysmans, *Là-Bas*
Ionesco, *La cantatrice Chauve*
Ionesco, *La leçon*
Ionesco, *Le Roi se meurt*
Ionesco, *Rhinocéros*
Istrati, *Mes départs*

Jaccottet, *A la lumière d'hiver*
Japrisot, *Un long dimanche de fiançailles*
Jary, *Ubu Roi*
Joffo, *Un sac de billes*
Jonquet, *La vie de ma mère!*
Juliet, *Lambeaux*
Kadaré, *Qui a ramené Doruntine?*
Kafka, *La Métamorphose*
Kafka, *Le Château*
Kafka, *Le Procès*
Kafka, *Lettre au père*
Kerouac, *Sur la route*
Kessel, *Le Lion*
Khadra, *L'Attentat*
Koenig, *Nitocris, reine d'Egypte*
La Bruyère, *Les Caractères*
La Fayette, *La Princesse de Clèves*
La Fontaine, *Fables*
La Rochefoucauld, *Maximes*
Läckberg, *La Princesse des glaces*
Läckberg, *L'oiseau de mauvais augure*
Laclos, *Les Liaisons dangereuses*
Lamarche, *Le jour du chien*
Lampedusa, *Le Guépard*
Larsson, *Millenium I. Les hommes qui n'aimaient pas les femmes*
Laye, *L'enfant noir*
Le Clézio, *Désert*
Le Clézio, *Mondo*
Leblanc, *L'Aiguille creuse*
Leiris, *L'Âge d'homme*
Lemonnier, *Un mâle*
Leprince de Beaumont, *La Belle et la Bête*
Leroux, *Le Mystère de la Chambre Jaune*
Levi, *Si c'est un homme*
Levy, *Et si c'était vrai...*
Levy, *Les enfants de la liberté*
Levy, *L'étrange voyage de Monsieur Daldry*
Lewis, *Le Moine*
Lindgren, *Fifi Brindacier*
Littell, *Les Bienveillantes*
London, *Croc-Blanc*
London, *L'Appel de la forêt*
Maalouf, *Léon l'africain*
Maalouf, *Les échelles du levant*
Machiavel, *Le Prince*
Madame de Staël, *Corinne ou l'Italie*
Maeterlinck, *Pelléas et Mélisande*
Malraux, *La Condition humaine*
Malraux, *L'Espoir*
Mankell, *Les chaussures italiennes*
Marivaux, *Les Acteurs de bonne foi*
Marivaux, *L'île des esclaves*
Marivaux, *La Dispute*
Marivaux, *La Double Inconstance*
Marivaux, *La Fausse Suivante*
Marivaux, *Le Jeu de l'amour et du hasard*
Marivaux, *Les Fausses Confidences*
Maupassant, *Boule de Suif*
Maupassant, *La maison Tellier*
Maupassant, *La morte et autres nouvelles fantastiques*
Maupassant, *La parure*
Maupassant, *La peur et autres contes fantastiques*
Maupassant, *Le Horla*
Maupassant, *Mademoiselle Perle et*

autres nouvelles
Maupassant, *Toine et autres contes*
Maupassant, *Bel-Ami*
Maupassant, *Le papa de Simon*
Maupassant, *Pierre et Jean*
Maupassant, *Une vie*
Mauriac, *Le Mystère Frontenac*
Mauriac, *Le Noeud de vipères*
Mauriac, *Le Sagouin*
Mauriac, *Thérèse Desqueyroux*
Mazetti, *Le mec de la tombe d'à côté*
McCarthy, *La Route*
Mérimée, *Colomba*
Mérimée, *La Vénus d'Ille*
Mérimée, *Carmen*
Mérimée, *Les Âmes du purgatoire*
Mérimée, *Matéo Falcone*
Mérimée, *Tamango*
Merle, *La mort est mon métier*
Michaux, *Ecuador et un barbare en Asie*
Mille et une Nuits
Mishima, *Le pavillon d'or*
Modiano, *Lacombe Lucien*
Molière, *Amphitryon*
Molière, *L'Avare*
Molière, *Le Bourgeois gentilhomme*
Molière, *Le Malade imaginaire*
Molière, *Le Médecin volant*
Molière, *L'Ecole des femmes*
Molière, *Les Précieuses ridicules*
Molière, *L'Impromptu de Versailles*
Molière, *Dom Juan*
Molière, *Georges Dandin*
Molière, *Le Misanthrope*
Molière, *Le Tartuffe*
Molière, *Les Femmes savantes*
Molière, *Les Fourberies de Scapin*
Montaigne, *Essais*
Montesquieu, *L'Esprit des lois*
Montesquieu, *Lettres persanes*
More, *L'Utopie*
Morpurgo, *Le Roi Arthur*
Musset, *Confession d'un enfant du siècle*
Musset, *Fantasio*
Musset, *Il ne faut juger de rien*
Musset, *Les Caprices de Marianne*
Musset, *Lorenzaccio*
Musset, *On ne badine pas avec l'amour*
Musso, *La fille de papier*
Musso, *Que serais-je sans toi?*
Nabokov, *Lolita*
Ndiaye, *Trois femmes puissantes*
Nemirovsky, *Le Bal*
Nemirovsky, *Suite française*
Nerval, *Sylvie*
Nimier, *Les inséparables*
Nothomb, *Hygiène de l'assassin*
Nothomb, *Stupeur et tremblements*
Nothomb, *Une forme de vie*
N'Sondé, *Le coeur des enfants léopards*
Obaldia, *Innocentines*
Onfray, *Le corps de mon père, autobiographie de ma mère*
Orwell, *1984*
Orwell, *La Ferme des animaux*
Ovaldé, *Ce que je sais de Vera Candida*
Ovide, *Métamorphoses*
Oz, *Soudain dans la forêt profonde*

Pagnol, *Le château de ma mère*
Pagnol, *La gloire de mon père*
Pancol, *La valse lente des tortues*
Pancol, *Les écureuils de Central Park sont tristes le lundi*
Pancol, *Les yeux jaunes des crocodiles*
Pascal, *Pensées*
Péju, *La petite chartreuse*
Pennac, *Cabot-Caboche*
Pennac, *Au bonheur des ogres*
Pennac, *Chagrin d'école*
Pennac, *Kamo*
Pennac, *La fée carabine*
Perec, *W ou le souvenir d'Enfance*
Pergaud, *La guerre des boutons*
Perrault, *Contes*
Petit, *Fils de guerre*
Poe, *Double Assassinat dans la rue Morgue*
Poe, *La Chute de la maison Usher*
Poe, *La Lettre volée*
Poe, *Le chat noir et autres contes*
Poe, *Le scarabée d'or*
Poe, *Manuscrit trouvé dans une bouteille*
Polo, *Le Livre des merveilles*
Prévost, *Manon Lescaut*
Proust, *Du côté de chez Swann*
Proust, *Le Temps retrouvé*
Queffélec, *Les Noces barbares*
Queneau, *Les Fleurs bleues*
Queneau, *Pierrot mon ami*
Queneau, *Zazie dans le métro*
Quignard, *Tous les matins du monde*
Quint, *Effroyables jardins*
Rabelais, *Gargantua*
Rabelais, *Pantagruel*
Racine, *Andromaque*
Racine, *Bajazet*
Racine, *Bérénice*
Racine, *Britannicus*
Racine, *Iphigénie*
Racine, *Phèdre*
Radiguet, *Le diable au corps*
Rahimi, *Syngué sabour*
Ray, *Malpertuis*
Remarque, *A l'Ouest, rien de nouveau*
Renard, *Poil de carotte*
Reza, *Art*
Richter, *Mon ami Frédéric*
Rilke, *Lettres à un jeune poète*
Rodenbach, *Bruges-la-Morte*
Romains, *Knock*
Roman de Renart
Rostand, *Cyrano de Bergerac*
Rotrou, *Le Véritable Saint Genest*
Rousseau, *Du Contrat social*
Rousseau, *Emile ou de l'Education*
Rousseau, *Les Confessions*
Rousseau, *Les Rêveries du promeneur solitaire*
Rowling, *Harry Potter–La saga*
Rowling, *Harry Potter à l'école des sorciers*
Rowling, *Harry Potter et la Chambre des Secrets*
Rowling, *Harry Potter et la coupe de feu*
Rowling, *Harry Potter et le prisonnier d'Azkaban*
Rufin, *Rouge brésil*

Saint-Exupéry, *Le Petit Prince*
Saint-Exupéry, *Vol de nuit*
Saint-Simon, *Mémoires*
Salinger, *L'attrape-coeurs*
Sand, *Indiana*
Sand, *La Mare au diable*
Sarraute, *Enfance*
Sarraute, *Les Fruits d'Or*
Sartre, *La Nausée*
Sartre, *Les mains sales*
Sartre, *Les mouches*
Sartre, *Huis clos*
Sartre, *Les Mots*
Sartre, *L'existentialisme est un humanisme*
Sartre, *Qu'est-ce que la littérature?*
Schéhérazade et Aladin
Schlink, *Le Liseur*
Schmitt, *Odette Toutlemonde*
Schmitt, *Oscar et la dame rose*
Schmitt, *La Part de l'autre*
Schmitt, *Monsieur Ibrahim et les fleurs du Coran*
Semprun, *Le mort qu'il faut*
Semprun, *L'Ecriture ou la vie*
Sépulvéda, *Le Vieux qui lisait des romans d'amour*
Shaffer et Barrows, *Le Cercle littéraire des amateurs d'épluchures de patates*
Shakespeare, *Hamlet*
Shakespeare, *Le Songe d'une nuit d'été*
Shakespeare, *Macbeth*
Shakespeare, *Romeo et Juliette*
Shan Sa, *La Joueuse de go*
Shelley, *Frankenstein*
Simenon, *Le bourgmestre de Fume*
Simenon, *Le chien jaune*
Sinbad le marin
Sophocle, *Antigone*
Sophocle, *Œdipe Roi*
Steeman, *L'Assassin habite au 21*
Steinbeck, *La perle*
Steinbeck, *Les raisins de la colère*
Steinbeck, *Des souris et des hommes*
Stendhal, *Les Cenci*
Stendhal, *Vanina Vanini*
Stendhal, *La Chartreuse de Parme*
Stendhal, *Le Rouge et le Noir*
Stevenson, *L'Etrange cas du Docteur Jekyll et de M. Hyde*
Stevenson, *L'Île au trésor*
Süskind, *Le Parfum*
Szpilman, *Le Pianiste*
Taylor, *Inconnu à cette adresse*
Tirtiaux, *Le passeur de lumière*
Tolstoï, *Anna Karénine*
Tolstoï, *La Guerre et la paix*
Tournier, *Vendredi ou la vie sauvage*
Tournier, *Vendredi ou les limbes du pacifique*
Toussaint, *Fuir*
Tristan et Iseult
Troyat, *Aliocha*
Uhlman, *L'Ami retrouvé*
Ungerer, *Otto*
Vallès, *L'Enfant*
Vargas, *Dans les bois éternels*
Vargas, *Pars vite et reviens tard*
Vargas, *Un lieu incertain*

Verne, *Deux ans de vacances*
Verne, *Le Château des Carpathes*
Verne, *Le Tour du monde en 80 jours*
Verne, *Madame Zacharius, Aventures de la famille Raton*
Verne, *Michel Strogoff*
Verne, *Un hivernage dans les glaces*
Verne, *Voyage au centre de la terre*
Vian, *L'écume des jours*
Vigny, *Chatterton*
Virgile, *L'Enéide*
Voltaire, *Jeannot et Colin*
Voltaire, *Le monde comme il va*
Voltaire, *L'Ingénu*
Voltaire, *Zadig*
Voltaire, *Candide*
Voltaire, *Micromégas*
Wells, *La guerre des mondes*
Werber, *Les Fourmis*
Wilde, *Le Fantôme de Canterville*
Wilde, *Le Portrait de Dorian Gray*
Woolf, *Mrs Dalloway*
Yourcenar, *Comment Wang-Fô fut sauvé*
Yourcenar, *Mémoires d'Hadrien*
Zafón, *L'Ombre du vent*
Zola, *Au Bonheur des Dames*
Zola, *Germinal*
Zola, *Jacques Damour*
Zola, *La Bête Humaine*
Zola, *La Fortune des Rougon*
Zola, *La mort d'Olivier Bécaille et autres nouvelles*
Zola, *L'attaque du moulin et autre nouvelles*
Zola, *Madame Sourdis et autres nouvelles*
Zola, *Nana*
Zola, *Thérèse Raquin*
Zola, *La Curée*
Zola, *L'Assommoir*
Zweig, *La Confusion des sentiments*
Zweig, *Le Joueur d'échecs*

NOTES

LePetitLittéraire.fr

lePetitLittéraire.fr

1476961R00013

Printed in Germany
by Amazon Distribution
GmbH, Leipzig